RÉPUBLIQUE FRANÇAISE

MINISTÈRE DU TRAVAIL

Commentaire Officiel

DE LA

LOI DES

ASSURANCES SOCIALES

Prix : **3** francs

Étienne **CHIRON**, Éditeur

40, rue de Seine - PARIS

Commentaire Officiel

DE LA

LOI DES

ASSURANCES SOCIALES

Prix : **3** francs

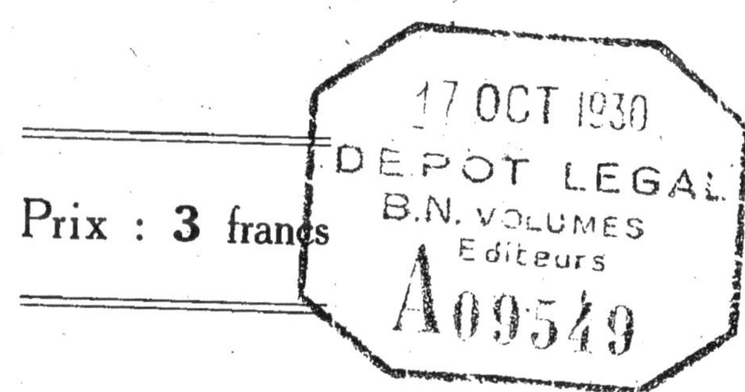

Étienne CHIRON, Éditeur
40, rue de Seine. PARIS

LA LOI
DES ASSURANCES SOCIALES

ANALYSE DE LA LOI

OBJET DE LA LOI

La loi a pour objet de garantir tous les travailleurs contre les risques de l'existence : maladie, invalidité prématurée, vieillesse, décès.

Elle apporte, en outre, une participation aux charges de famille et de maternité.

Des raisons d'ordre technique ont conduit à distinguer les charges qu'entraînent la maladie, la maternité, les soins aux invalides (dits risques de répartition) et les charges des pensions versées aux vieillards et aux invalides (risques de capitalisation).

Pour tenir compte des conditions particulières de l'agriculture, la loi a instauré pour les assurés agricoles un régime spécial.

Nous exposerons, d'abord, les règles concernant les travailleurs de toutes les professions en dehors de l'agriculture et nous indiquerons, ensuite, le régime particulier applicable aux assurés agricoles.

TITRE PREMIER

RÉGIME GÉNÉRAL DES ASSURÉS EN DEHORS DES TRAVAILLEURS DE L'AGRICULTURE

ASSURANCE OBLIGATOIRE

I. — Bénéficiaires:

1° Conditions auxquelles les salariés sont assurés obligatoires

Sont assurés obligatoires tous les salariés des deux sexes, si leur rémunération totale — allocations familiales exceptées — ne dépassent pas 15.000 francs. Ce chiffre limite est porté à 18.000 francs dans les villes de plus de 200.000 habitants et dans les circonscriptions industrielles dont la liste doit être établie par décret (1).

Pour les salariés qui ont des charges de famille, le chiffre limite est augmenté de 2.000 francs s'ils ont un enfant à leur charge, de 4.000 francs s'ils en ont deux. Il est porté à 25.000 francs s'ils en ont trois ou davantage.

2° ADMISSION DES ÉTRANGERS

a) Les salariés étrangers ayant une résidence réelle et permanente en France bénéficient comme les salariés français des prestations de la loi, s'ils travaillent régulièrement depuis trois mois. Toutefois, ils n'ont pas droit à certaines allocations (charges de famille) et compléments de pension servis par la Caisse générale de garantie.

Les travailleurs polonais et italiens sont l'objet de conventions diplomatiques leur permettant de bénéficier des lois sociales au même titre que les Français.

b) Le régime des salariés étrangers est applicable aux *ouvriers frontaliers* qui résident hors frontière, mais qui travaillent régulièrement en France. Toutefois, des accords diplomatiques détermineront pour eux les modalités d'application.

---

(1) Un premier décret vient de délimiter les zones industrielles rattachées aux cinq villes de plus de 200.000 habitants, comme suit :

PARIS. — Département de la Seine; les trois cantons de Versailles: les cantons de Boissy-Saint-Léger, Corbeil, Longjumeau, Villeneuve-Saint-Georges, Aulnay-sous-Bois, Écouen, Gonesse, l'Isle-Adam, Montmorency, Le Raincy, Argenteuil, Maisons-Laffite, Marly-le-Roi, Meulan, Palaiseau, Poissy, Saint-Germain-en-Laye, Sèvres, Mantes, (Seine-et-Oise); les cantons de Claye, Souilly et Lagny (Seine-et-Marne).

MARSEILLE. — Les douze cantons de Marseille, les cantons de la Ciotat, d'Aubagne, de Gardanne et de Martigues.

LYON. — Les douze cantons de Lyon; les cantons de Villeurbanne, Neuville, Limonest, Vaugneray, Saint-Genis-Laval, Givors.

BORDEAUX. — Les sept cantons de Bordeaux; les cantons de Pessac et de Carbon-Blanc,

LILLE. — Les cantons de Lille; les cantons de Roubaix et de Tourcoing.

Et une enquête est ouverte dans les départements pour la fixation des autres circonscriptions industrielles dans lesquelles le salaire limite sera porté à 18.000 francs.

II. — Ressources et affectation.

Les ressources dont disposent les caisses proviennent des cotisations des employeurs et des assurés, d'une contribution de l'Etat et, accessoirement, de revenus divers, tels que intérêts des fonds placés, dons et legs, produit des amendes, etc.

Le montant des cotisations est fixé d'après le montant des salaires. A cet effet, les assurés sont répartis en cinq catégories et la cotisation, dans chaque catégorie, correspond au salaire moyen dit « salaire de base ». L'immatriculation, dans une catégorie déterminée, est valable pour une durée d'un an. Cette mesure tend à supprimer les changements de catégorie trop nombreux. Elle permet de simplifier le calcul des droits éventuels des assurés qui dépendent de leurs versements.

Dans l'industrie et le commerce, la cotisation dans chaque catégorie est de l'ordre de grandeur de 8 p. 100 du salaire de base. Cette cotisation est versée par l'employeur qui en récupère la moitié en opérant une retenue sur le salaire des assurés. En principe, la moitié des versements provenant des cotisations est affectée à la couverture des risques de répartition; l'autre moitié sert à la couverture des risques de capitalisation.

Le régime des prestations est le même pour tous les assurés de l'industrie et du commerce. Tout au plus, de légers avantages pourront-ils être accordés à leurs adhérents par les caisses particulièrement bien gérées ou qui, du fait du hasard, n'auront à supporter que des charges relativement légères.

III. — Risques couverts et prestations servies.

Les prestations garanties par la loi couvrent les assurés contre les risques maladie, invalidité prématurée, maternité, vieillesse, décès.

1° ASSURANCE-MALADIE

L'assurance maladie couvre les frais de médecine générale et spéciale, les frais pharmaceutiques et d'appareils, les frais d'hospitalisation et de traitement dans un établissement de cure, les frais de transport, d'interventions chirurgicales nécessaires pour l'assuré, son conjoint, leurs enfants à charge non salariés âgés de moins de 16 ans et pupilles de la Nation dont l'assuré est tuteur. La loi prévoit seulement deux réserves : l'une prive du bénéfice des prestations les conjoints dont les revenus commerciaux sont supérieurs aux limites prévues pour l'admission dans l'assurance, l'autre précise limitativement les droits des assurés en ce qui concerne la prothèse dentaire.

Lorsque l'assuré est en état de se déplacer les consultations sont données au domicile du praticien.

L'assuré choisit librement son médecin, pharmacien, sage-femme, dentiste.

Chaque caisse établit un tarif fixant le prix de l'acte médical, compte tenu des tarifs syndicaux minima pratiqués dans la région. La caisse avance (ou rembourse) à l'assuré 80 à 85 p. 100 du prix de l'acte médical tel qu'il est fixé par ce tarif. Sous réserve d'apporter des justifications de la dépense à la charge de la caisse, l'assuré arrête librement, en accord avec le praticien, les conditions du payement de la visite médicale.

Lorsque la caisse établit le tarif fixant le prix de l'acte médical, elle s'efforce de conclure des accords avec les syndicats médicaux. Si elle ne peut y parvenir, elle est en droit de substituer aux allocations correspondant à chaque visite médicale une indemnité journalière égale à 20 p. 100 de la moyenne générale des salaires de base ayant donné lieu à cotisation au cours de l'année précédente.

L'assuré doit prendre à sa charge 15 p. 100 des frais pharmaceutiques.

Sauf dans des cas spéciaux, le total des frais médicaux et pharmaceutiques ne pourra excéder par journée de maladie, à partir de la première constatation médicale, 50 p. 100 de la moyenne journalière des salaires qui ont servi de base aux versements de l'intéressé au cours de l'année précédente.

Si l'assuré malade ne peut, d'après attestation médicale, continuer ou reprendre le travail, il a droit, à partir du sixième jour qui suit le début de la maladie, à une indemnité par jour ouvrable égale à la moitié du salaire de base de la catégorie dans laquelle le classent les cotisations obligatoires. Cette indemnité est due à partir du quatrième jour si l'assuré a au moins trois enfants ou pupilles de la Nation à sa charge. S'il est nécessaire, elle est versée régulièrement jusqu'à la fin du sixième mois qui suit le début de la maladie.

Pour avoir droit aux prestations, tant en nature qu'en argent, il faut que l'assuré ait versé soixante cotisations journalières dans les trois mois qui précèdent le début de son affection (ou 240 cotisations dans l'année qui précède le début de ladite affection).

2° SOINS AUX INVALIDES. — ASSURANCE-INVALIDITÉ

Passé le délai de six mois, prévu plus haut, l'assuré dont la capacité de travail est réduite des deux tiers est considéré comme invalide. Il n'a plus droit à l'indemnité en argent versée aux assurés malades, mais, s'il a cotisé pendant deux ans au moins avant le début de son affection ou de son accident, il a droit aux soins médicaux spéciaux que réclame son état d'invalidité.

En outre, en pareil cas, la caisse d'assurance-invalidité à laquelle il appartient lui alloue une pension calculée sur les bases suivantes :

Si l'assuré a été immatriculé avant l'âge de 30 ans, la pension est égale à 40 p. 100 du salaire annuel moyen tel qu'il résulte des cotisations versées.

Si l'assuré a été immatriculé après l'âge de 30 ans, ladite pension de 40 p. 100 du salaire annuel moyen est réduite d'un trentième par année ou fraction d'année comprise entre 30 ans et l'âge de l'assuré au moment de son immatriculation.

En aucun cas, la pension d'invalidité ne peut être inférieure à 600 francs. Ce minimum est relevé de 100 francs par année de versement au delà de la seconde. Il est fixé à 1.000 francs pour les assurés qui comptent six années ou plus de six années de versements.

La pension d'invalidité est fixée, tout d'abord, à titre provisoire, pour une durée de cinq ans. Pendant ces cinq premières années, l'assuré est tenu de se soumettre à tout moment aux expertises médicales réclamées par la caisse. Si sa capacité de travail devient supérieure à 50 p. 100 la pension est supprimée.

A l'expiration de la période provisoire de cinq années, la pension est maintenue pour un nouveau délai de cinq ans si l'expertise médicale révèle une incapacité de travail supérieure à 50 p. 100.

Au bout de dix ans, après une dernière visite médicale, la pension est maintenue à titre définitif, à moins que l'assuré n'ait retrouvé plus de 50 p. 100 de sa capacité de travail; dans ce dernier cas, elle est définitivement supprimée.

3° ASSURANCE-MATERNITÉ

Au cours de la grossesse et des six mois qui suivent l'accouchement, l'assurée, ou la femme de l'assuré, bénéficie des prestations médicales et pharmaceutiques dans les conditions et limites prévues en cas de maladie.

Six semaines avant l'accouchement, six semaines après, l'assurée jouit de plein droit de l'indemnité journalière accordée en cas de maladie, à la condition qu'elle cesse tout travail salarié durant cette période et qu'elle ait versé 60 cotisations journalières pendant les trois mois (ou 240 cotisations journalières pendant les douze mois) qui ont précédé l'état de grossesse.

A ces avantages s'ajoutent des allocations mensuelles réservées aux assurées qui allaitent elles-mêmes leurs enfants. (150 fr. pendant les quatre premiers mois, 100 fr. pendant le cinquième et le sixième, 50 fr. pendant le septième, le huitième et le neuvième mois qui suivent l'accouchement).

4° ASSURANCE-VIEILLESSE

a) *Cas particuliers les plus importants.* — Le montant de l'allocation et de la bonification accordées par l'Etat aux pensionnés de la loi des Retraites ouvrières et paysannes sera quintuplé à compter de la première échéance qui suivra le 1er avril 1930.

D'autre part, les salariés âgés de 60 à 65 ans lors de l'application de la loi, qui ne bénéficient pas de l'allocation ou de la bonification visées ci-dessus, peuvent entrer dans l'assurance obligatoire. pour le risque de vieillesse seulement, en versant la cotisation ouvrière totale (1) correspondant à la catégorie dans laquelle leur salaire annuel les classe. Après cinq années de versements, ces assurés ont droit à une pension de 500 francs par an.

b) *Règles générales.* — L'assurance-vieillesse garantit une pension de retraite au salarié qui atteint l'âge de 60 ans. Toutefois, l'assuré peut ajourner la liquidation de sa pension. S'il a versé au moins pendant 25 ans, depuis l'âge de 16 ans, il peut demander la liquidation anticipée à partir de 55 ans.

Sur le montant de la double cotisation ouvrière et patronale, une part est versée chaque année à un compte spécial ouvert à l'assuré. Le montant de cette part est fixé annuellement par décret et les prélèvements sont calculés de telle sorte que, après 30 ans de versements, la rente acquise à ce compte individuel soit susceptible, si le taux de capitalisation a été suffisant, d'atteindre les 40 p. 100 du salaire moyen de base tel qu'il résulte des versements.

L'assuré a droit à la rente qui correspond à la capitalisation de ses versements. Mais pour tout assuré qui, à l'âge de 60 ans, peut justifier d'au moins 30 ans de versements correspondant chacun à 240 jours de travail, le minimum de pension garanti s'élève à 40 p. 100 du salaire annuel moyen tel qu'il résulte des cotisations payées chaque année depuis l'âge de 16 ans. La rente viagère dont il vient d'être fait mention est éventuellement majorée jusqu'à ce chiffre minimum par le Fonds de majoration et de solidarité géré par la Caisse générale de garantie.

---

(1) Réduite de moitié pour les agricoles.

c) *Assurés de la période transitoire.* — On désigne ainsi les assurés âgés de plus de 30 ans au début de l'application de la loi. Ces salariés sont trop âgés pour effectuer les 30 versements annuels réglementaires permettant la liquidation de leur pension sur la base du minimum garanti défini plus haut.

La loi a prévu pour eux le régime particulier suivant :

Pour les assurés de la période transitoire qui, depuis la mise en vigueur de la loi, auront effectué chaque année sur les salaires professionnels qui constituent leurs principales ressources des versements correspondant au moins à 240 cotisations journalières, la pension-vieillesse sera égale à autant de trentièmes de la pension normale (40 p. 100 du salaire) que l'assuré aura effectué d'années de versements. Le chiffre de cette pension ne peut être inférieur à 600 francs. Toutefois, un délai minimum de 5 ans de versements est exigé pour ouvrir droit à la pension de retraite.

5° ASSURANCE-DÉCÈS

Le conjoint survivant, les descendants ou, à défaut, les ascendants qui, au jour du décès, étaient à la charge de l'assuré ont droit à un capital fixé à 20 p. 100 du salaire annuel moyen du disparu tel qu'il résulte de ses versements.

Ce capital ne peut pas être inférieur à 1.000 francs ou aux deux tiers du salaire réel du décédé lorsque cette dernière limite est inférieure à 1.000 francs.

Pour avoir droit à l'assurance-décès, l'assuré doit avoir été immatriculé depuis un an au moins et avoir cotisé pendant 60 jours au moins pendant les trois mois (ou 240 jours pendant les douze mois) qui ont précédé le décès.

6° MAJORATIONS POUR CHARGES DE FAMILLE

Il est tenu compte pour le calcul de ces charges des enfants de plus de six semaines et de moins de 16 ans, non salariés, à la charge de l'assuré, qu'ils soient légitimes, naturels, reconnus, recueillis, adoptifs ou pupilles de la Nation, quand ces derniers sont placés sous la tutelle et à la charge de l'assuré.

Les allocations représentent pour chaque enfant :

1° Une majoration de 1 franc de l'indemnité journalière allouée en cas de maladie ou de grossesse.

2° Une majoration de la pension d'invalidité fixée à 100 francs par an.

3° Une majoration de 100 francs du capital versé au décès de l'assuré.

Les veuves des assurés ayant à leur charge au moins trois enfants vivants, légitimes, reconnus ou adoptifs de moins de 13 ans (16 ans dans certains cas) ont droit à une pension égale, au moins, à 120 francs par enfant et par an.

Ont droit à ladite pension les orphelins de père et de mère qui remplissent les mêmes conditions d'âge et dont le père ou la mère était assuré.

Ces deux dernières dispositions s'appliquent seulement aux assurés qui ont cotisé pendant un an au moins.

IV. — Organismes de gestion et de contrôle.

1.° Caisses primaires et Caisse générale de garantie

La gestion des Assurances sociales est confiée à des caisses dites « primaires » dans lesquelles sont inscrits tous les assurés qui en font la demande (ou qui bénéficient d'une présomption d'affiliation à titre de membres honoraires ou participants d'une société de secours mutuels fonctionnant dans les conditions de la loi du 1er avril 1898). Pour les assurés qui ne sont pas inscrits à une caisse primaire, la loi a prévu la création de caisses départementales (ou interdépartementales) qui fonctionnent comme caisses primaires et assurent tous les risques de répartition.

Quelques caisses primaires, constituées dans des conditions déterminées (anciennes caisses mutualistes des retraites ouvrières, constituées en application de la loi du 5 avril 1910, caisses autonomes mutualistes, déjà autorisées ou en instance de l'être, caisses patronales existantes), peuvent seules être admises à pratiquer l'assurance-vieillesse ou les assurances vieillesse et invalidité. Pour ces risques de capitalisation, les assurés qui ne sont pas affiliés à l'une des caisses précitées sont inscrits d'office à la Caisse nationale des retraites pour la vieillesse.

Les caisses primaires doivent se grouper et constituer des unions départementales ou interdépartementales pour permettre une compensation des charges qui constitue en quelque sorte une assurance au second degré.

A ces caisses primaires et à leurs unions se superpose un organisme national de réassurance unique : la Caisse générale de garantie.

2° Direction des Assurances sociales et de la mutualité

Le contrôle des caisses (immatriculation, administration, comptabilité) est confié à des services administratifs, dits services départementaux ou interdépartementaux, qui dépendent de la Direction des Assurances sociales et de la Mutualité. Cette direction est incorporée dans les cadres normaux du ministère du Travail.

ASSURANCE FACULTATIVE

I. — Conditions d'admission.

Tous les travailleurs français qui, sans être salariés, vivent principalement du produit de leur travail et dont les revenus ne dépassent pas les chiffres limites de l'assurance obligatoire des salariés peuvent être admis facultativement au bénéfice de la loi.

Les chiffres limites de l'assurance facultative sont augmentés de 2.000 francs pour les assurés obligatoires et entendent bénéficier de l'assurance facultative.

II. — Cotisations et prestations.

L'assuré facultatif fixe lui-même le montant de sa cotisation. Il peut s'assurer pour un seul ou plusieurs des risques couverts par l'assurance obligatoire.

Les prestations dont ils bénéficient sont fonction de leurs versements. Elles sont fixées d'après un tarif approuvé par le Ministre du Travail. Aucune dérogation ne peut être apportée à ce tarif qui est établi de telle sorte que les recettes provenant des cotisations et les charges des caisses s'équilibrent.

RÉGIME SPÉCIAL DES FEMMES NON SALARIÉES

Les femmes non salariées des assurés obligatoires ou facultatifs sont admises, à leur choix, au bénéfice de l'assurance facultative ou d'une assurance spéciale définie comme suit : moyennant le versement d'une contribution mensuelle de 10 francs, ces femmes sont assimilées aux assurés obligatoires recevant un salaire annuel de 1.200 francs. Elles n'ont, cependant, pas droit aux indemnités journalières prévues en cas de maladie, ni au capital minimum de 1.000 francs en cas de décès. Mais elles bénéficient de toutes les prestations en argent en cas de maternité. Le minimum garanti pour leur pension d'invalidité ou de vieillesse en période transitoire est fixé à 250 francs.

TITRE II

RÉGIME SPÉCIAL DES AGRICULTEURS

La loi sur les assurances sociales prévoit pour les assujettis de l'agriculture un régime spécial.

Celui-ci a pour objet de tenir compte des circonstances propres au travail agricole, de l'existence d'institutions déjà exercées à la gestion des assurances (assurances contre l'incendie, contre la perte des récoltes, contre la mortalité du bétail, etc.) et de l'impossibilité dans laquelle se trouvent actuellement les milieux agricoles de supporter les mêmes charges que les autres branches de l'activité nationale.

Les avantages garantis à l'agriculture sont sensiblement les mêmes que ceux dont bénéficient les autres travailleurs. Mais la participation des intéressés est réduite et c'est l'Etat qui maintient, par une contribution considérablement accrue, l'équilibre financier du service des prestations.

ASSURANCE OBLIGATOIRE

I. — Bénéficiaires.

1° Différentes catégories de personnes visées

La loi définit limitativement les bénéficiaires du régime spécial à l'agriculture.

1° Ce sont, tout d'abord, les salariés des professions agricole et forestière régis par les lois des 30 juin 1899, 15 décembre 1922, 30 avril 1926 sur les accidents du travail, les salariés des artisans ruraux visés par l'article 8 du décret du 9 février 1921 et des entrepreneurs de battage et de travaux agricoles adhérents ou non d'un syndicat agricole.

2° Aux salariés sont assimilés les métayers travaillant ordinairement seuls, avec l'aide de membres de leur famille, conjoint, ascendants, descendants, frères, sœurs, collatéraux, et ne possédant à leur entrée dans l'exploitation aucune partie du cheptel.

3° Les employés des syndicats agricoles, des coopératives agricoles et autres groupements professionnels agricoles sont considérés comme salariés agricoles.

2° Conditions auxquelles ces différentes catégories de personnes sont assurées obligatoires

Comme dans les autres professions, sont assurés obligatoires tous ceux dont la rémunération annuelle est inférieure à 15.000 francs. Ce minimum est augmenté de 2.000 francs pour le premier enfant, de 4.000 francs pour deux enfants et est porté à 25.000 francs pour les salariés ayant trois enfants ou davantage.

Admission des étrangers

Les salariés étrangers et les ouvriers frontaliers sont admis dans les mêmes conditions que dans les autres professions.

II. — Ressources et affectations.

Les ressources des assurances agricoles sont constituées comme pour les autres professions par une cotisation de l'assuré et de son employeur que vient compléter une contribution de l'Etat. Mais ce régime financier concernant les professions agricoles se distingue du régime applicable aux autres professions par le fait que la cotisation des intéressés est réduite et que la contribution de l'Etat se trouve d'autant accrue.

D'autre part, la loi distingue nettement l'assurance contre la vieillesse et l'assurance contre la maladie, maternité, décès, et prévoit des cotisations spéciales pour chacun de ces risques.

1° Ressources de l'Assurance-Vieillesse

A. — Cotisation du salarié et de l'employeur. — Les assurés sont répartis en cinq catégories suivant le montant du salaire moyen journalier tel qu'il est fixé par le Préfet pour l'application de la loi sur les accidents du travail.

Pour les salariés gagnant moins de 8 francs par jour, la double cotisation est de 0 fr. 75 par semaine ; pour un salaire de 8 à 15 francs par jour, de 1 fr. 50 par semaine ; pour un salaire de 15 à 20 francs par jour, de 2 fr. 25 par semaine ; pour un salaire de 20 à 32 francs par jour, de 3 francs par semaine. Enfin, pour les assujettis gagnant plus de 32 francs par jour, la cotisation est de 5 francs par semaine.

La cotisation de l'employeur est égale dans tous les cas à celle de l'assuré.

B. — *Contribution de l'Etat.* — La Caisse générale de garantie *majore de 80 p. 100 la cotisation patronale et ouvrière versée au compte des assurés de plus de 30 ans.*

2° RESSOURCES DE L'ASSURANCE-MALADIE

Les ressources de l'assurance-maladie sont constituées par les cotisations versées aux sociétés de secours mutuels agricoles par le patron et par l'ouvrier et *doublées par le fond de majoration et de solidarité.*

Le patron verse chaque mois 5 francs, l'assuré 5 francs, le fond de majoration et de solidarité 10 francs, total 20 francs par mois pour l'assurance-maladie, dont moitié à la charge de l'Etat qui verse chaque année au fond de majoration les ressources nécessaires.

III. — Risques couverts. — Prestations servies.

Les avantages accordés par la loi aux assurés agricoles sont, en principe, les mêmes que ceux dont bénéficient les assurés des autres professions.

1° ASSURANCE-VIEILLESSE

Les prestations vieillesse sont les mêmes pour les assurés agricoles que pour les assurés des autres professions : minimum de 40 p. 100 du salaire moyen annuel après trente ans de versements; réduction proportionnelle à la durée des versements s'ils n'ont pas duré trente ans; majoration de un dizième pour tout assuré ayant élevé au moins trois enfants jusqu'à l'âge de 16 ans.

Toutefois, les salariés agricoles qui cessent d'être assurés obligatoires ont le droit jusqu'à 40 ans de racheter leur contrat d'assurance-vieillesse. Ils reçoivent, en ce cas, les trois-quarts du capital constitué; un huitième est versé au fond de majoration et de solidarité et un huitième maintenu à leur compte individuel d'assurance-vieillesse.

2° ASSURANCE MALADIE-MATERNITÉ-DÉCÈS

En ce qui concerne les prestations maladie-maternité-décès, les sociétés de secours agricoles ou les sections agricoles des Caisses départementales sont libres de les fixer à leur guise, sauf à faire approuver leurs statuts par le Ministère. La loi n'a fixé que le minimum de cotisation laissant aux sociétés le soin de fixer au mieux leurs prestations.

3° ASSURANCE-INVALIDITÉ

Les indemnités prévues pour l'assurance-maladie sont dues à partir de la date du début de la maladie et pendant une période de six mois. L'assuré qui, à l'expiration de ce délai, reste encore atteint d'une affection ou d'une infirmité réduisant au moins des deux tiers sa capacité de travail a droit, d'abord à titre provoisoire, puis s'il y a lieu et au bout de cinq ans à titre définitif, à une pension d'invalidité calculée suivant des règles spéciales.

Pour pouvoir invoquer le bénéfice de l'assurance-invalidité, l'assuré doit être immatriculé depuis deux ans au moins avant la maladie ou l'accident.

IV. — Organisation administrative
du service des prestations.

1° RISQUE-VIEILLESSE

Le risque-vieillesse est géré par les *Caisses autonomes mutualistes d'assurance-vieillesse.*

Les assurés qui n'ont pas fait choix d'une Caisse sont inscrits d'office à la Caisse nationale des retraites pour la vieillesse.

2° RISQUE MALADIE-MATERNITÉ-DÉCÈS

Les risques maladie-maternité-décès sont gérés par des *sociétés de secours mutuels agricoles* qui sont tenues de se réassurer à des Unions spéciales approuvées à cet effet et de verser 5 p. 100 des cotisations et subventions de l'Etat à un fonds de secours de la Caisse générale de garantie et gérées par les représentants des unions nationales agricoles. Ces sociétés peuvent être exclusivement agricoles ou mixtes, c'est-à-dire comprendre à côté des cultivateurs, des travailleurs du commerce et de l'industrie.

A défaut de choix de l'assuré, celui-ci est affilié d'office à la *section agricole de la Caisse départementale.*

3° DISPOSITIONS TRANSITOIRES EN FAVEUR DES CAISSES D'ASSURANCE ET DE RÉASSURANCE MUTUELLES AGRICOLES

Les caisses d'assurance et de réassurance mutuelles agricoles sont autorisées à créer des sections spéciales pour les risques de répartition à la condition que ces sections se transforment dans le délai d'un an en sociétés de secours mutuels.

Lesdites sections sont administrées jusqu'à leur transformation par le Conseil de la Caisse d'assurance mutuelle.

Elles bénéficient de la présomption d'affiliation pour tous les salariés qu'elles couvrent au regard de la législation sur les accidents du travail, sous réserve du droit des intéressés de manifester une volonté contraire avant le 1er juin 1930.

Toutefois cette présomption ne peut s'exercer en faveur des assurés déjà inscrits à une société de secours mutuels avant le 1er avril 1930.

Les salariés ainsi affiliés à ces sections sont agrégés automatiquement aux Caisses autonomes mutualistes auxquelles ces sections se rattacheront.

ASSURANCE FACULTATIVE

Sauf dans les régions peu nombreuses où la culture est industrialisée le travailleur agricole est souvent non salarié : c'est un petit propriétaire, un métayer ou un petit fermier. D'où l'importance que prend dans l'agriculture la question des assurés facultatifs.

1° Conditions d'admission

Les conditions d'admission des agriculteurs à l'assurance facultative sont les mêmes que pour l'assurance obligatoire. Peuvent devenir assurés facultatifs tous les agriculteurs qui, sans être salariés, tirent cependant leurs ressources ordinaire du produit de leur travail.

Rentrent, notamment, dans cette catégorie, les fermiers, les cultivateurs, les métayers non assurés obligatoires, les artisans ruraux..., lorsque leurs gains ne dépassent pas le maximum légal de 15.000, 17.000, 19.000 ou 25.000 francs, selon les cas.

2° Cotisations

a) L'assuré facultatif fixe lui-même le montant de la cotisation.

b) Un avantage considérable est fait aux assurés facultatifs de l'agriculture. *Le fond de majoration et de solidarité alimenté par une contribution de l'Etat double les versements effectués par les assurés facultatifs agricoles soit pour l'assurance-vieillesse, soit pour l'assurance-maladie.*

Pour l'assurance-vieillesse, les cotisations de l'assuré facultatif sont doublées sans que la contribution de l'Etat puisse dépasser 100 francs.

L'assuré, de son côté, ne peut fixer sa cotisation à une somme inférieure à 60 francs.

Pour la maladie, les cotisations des assurés facultatifs sont doublées, sans que la cotisation de l'Etat puisse dépasser 10 francs par mois.

3° Passage de l'assurance obligatoire à l'assurance facultative (rachat)

Les salariés appartenant aux professions agricoles qui cesseront d'appartenir à l'assurance obligatoire et deviendront assurés facultatifs pourront obtenir le rachat de leur contrat d'assurance-vieillesse pour réaliser l'acquisition, l'aménagement, la transformation ou la reconstitution d'exploitations rurales ou d'ateliers, d'habitations de travailleurs ou artisans ruraux leur appartenant. Il suffira pour cela qu'ils soient âgés de moins de 40 ans et qu'ils aient passé une visite médicale attestant leur bon état de santé. La valeur de rachat de leur contrat sera égale aux six huitièmes du capital constitutifs des rentes éventuelles inscrites à leur compte individuel d'assurance-vieillesse, un huitième étant maintenu audit compte individuel.

CHAPITRE II

INDICATIONS SUR LE FONCTIONNEMENT PRATIQUE DE LA LOI

Tout l'effort possible a été fait dans la loi pour simplifier le fonctionnement pratique de l'assurance, sans cependant toucher aux principes que le législateur s'était imposés dès le début des débats, et dont le plus important est le libre choix par l'assuré de l'organisme ou des organismes d'assurances auxquels il lui plaît d'adhérer. Les assurés se grouperont librement selon les affinités, sans être jamais tenus de rendre compte de leur choix à l'employeur. Il y a là un caractère spécial à la loi française. Il entraîne fatalement quelques complications. Il ne faut donc jamais le perdre de vue quand on veut comparer notre système soit aux systèmes étrangers, soit aux projets multiples qui ne pouvaient manquer de surgir au cours des travaux préparatoires et qu'on verra certainement renaître lorsque la loi sera en application.

Ainsi qu'il a été dit dans l'introduction de la présente notice, c'est au règlement d'administration et à de nombreux décrets qu'il appartiendra de fixer les détails du fonctionnement pratique de la loi. Ces textes pourront modifier légèrement sur certains points les indications qui vont suivre. Elles n'en donnent pas moins un aperçu des devoirs qui incomberont aux employeurs et des obligations que, de leur côté, les salariés auront à remplir pour maintenir intact leur droit aux avantages de l'assurance.

Le premier devoir de l'employeur est d'assurer l'immatriculation des salariés que leur salaire classe dans l'assurance obligatoire.

Il doit, à cet effet, toutes les fois qu'il embauche un travailleur non encore immatriculé, *c'est-à-dire qui ne lui présente pas sa carte d'immatriculation*, adresser une déclaration, dans la huitaine de l'embauchage, au service départemental des Assurances sociales du lieu de travail.

Pour le début de la mise en application de la loi, fixé au 1ᵉʳ juillet prochain, tous les salariés susceptibles d'être classés dans l'assurance obligatoire doivent évidemment être déclarés. Il s'agit ici d'un véritable recensement. La loi fixe au 15 mai la date de ce rencensement, et les déclarations des employeurs devront parvenir au service avant le 1ᵉʳ juin dernier délai.

Toutefois, les déclarations faites antérieurement au vote du projet rectificatif n'auront pas à être refaites, si depuis la déclaration antérieure la situation du salarié n'a pas changé.

Pour le personnel embauché entre le 15 mai et le 1ᵉʳ juillet, qui demeurera à cette date occupé par l'employeur et n'aura pas reçu sa carte d'immatriculation, les déclarations seront faites dans les huit premiers jours de juillet.

En règle générale, le salarié n'est pas obligé d'adresser une déclaration au service départemental. Cette obligation n'existe que dans certains cas particuliers : si le salarié, ayant des charges de famille, ne les a pas fait connaître à l'employeur; si le salarié est retraité; si le salarié est étranger. *Mais, bien entendu, tout salarié qui a fait choix d'une caisse doit faire connaître son choix au service.*

Des imprimés de déclarations, aussi bien pour l'employeur que pour le salarié, sont à la disposition du public dans les préfectures et dans les mairies.

Sur le vu des déclarations des employeurs et éventuellement des salariés, le service départemental des Assurances sociales fera les vérifications nécessaires, et adressera avant le 1ᵉʳ juillet aux salariés qu'il aura immatriculés :

1° Les *cartes d'immatriculation;*

2° Les *cartes de cotisations;*

En même temps, il avisera l'employeur.

Les *cartes d'immatriculation* constituent les pièces d'identité des travailleurs au regard de l'assurance sociale.

Les *cartes de cotisations* sont destinées à recevoir les timbres d'assurances sociales, qui constituent la preuve des versements effectués par l'employeur pour son propre compte et pour le compte du salarié.

Elles sont valables pour un an et doivent être échangées chaque année le premier jour du mois qui suit l'anniversaire de naissance de l'assuré comme pour les Retraites ouvrières et paysannes. Elles comportent quatre feuillets trimestriels correspondant aux quatre trimestres d'âge de l'intéressé. Chacun des feuillets munis de ses timbres doit être renvoyé au service à la fin du trimestre correspondant. Des dispositions spéciales seront prises pour que les assurés ayant leur anniversaire de naissance en juillet, en août ou en septembre soient dispensés du premier échange de carte.

En ce qui concerne le classement du salarié dans une catégorie de salaires on appliquera les règles suivantes :

Tout d'abord, la catégorie est *annuelle*, c'est-à-dire que le salarié restera dans une même catégorie de salaires pendant toute la période de validité de sa carte.

Pour le départ de la loi, c'est-à-dire pour la première année, l'employeur fixera lui-même et inscrira sur la carte la catégorie à laquelle appartient le salarié.

Pour les années suivantes, c'est le service qui déterminera la catégorie d'après les renseignements en sa possession et l'inscrira sur la carte avant de l'envoyer à l'assuré.

La détermination de la catégorie se fait sans aucune difficulté lorsqu'il s'agit d'un ouvrier permanent dont le mode de rémunération est fixé d'une façon simple, par exemple en vertu du contrat de travail individuel ou collectif.

Il existe, sans doute, des cas particuliers plus complexes. De nombreux salariés reçoivent une partie de leur salaire en nature; d'autres travaillent à façon, aux pièces, à la tâche, a la commission, sont rémunérés par des pourboires, travaillent pour le compte de plusieurs employeurs, etc. Pour tous ces travailleurs, un décret fixera les règles spéciales d'évaluation des salaires tant pour l'immatriculation que pour le classement dans une catégorie et les conditions de versement des cotisations.

L'emploi des timbres se présente très simplement dans le cas du salarié qui occupe un emploi permanent ou, tout au moins, fait des journées complètes pour le compte d'un seul employeur. On trouvera dans les bureaux de postes des timbres de valeurs échelonnées, permettant de faire l'appoint de la double cotisation journalière ou hebdomadaire, avec au plus deux figurines. En faisant la paye, l'employeur collera sur le feuillet trimestriel des timbres représentant la cotisation et datera ces timbres.

Si l'intéressé ne fait que des journées partielles chez l'employeur ou travaille chez plusieurs employeurs (le cas extrême est celui d'une femme de ménage qui ferait, chaque jour, plusieurs ménages différents), la situation est plus compliquée. Elle fera l'objet d'un décret ultérieur.

L'emploi de la carte de cotisations pour la constatation des versements constitue le mode normal prévu par la loi. Mais des décrets autoriseront d'autres modes de versements, notamment l'emploi du bordereau de salaires et le payement par un des multiples moyens de libération qui dans la vie courante sont à la disposition du public. Il faudra, sans doute, exiger des employeurs qui seront autorisés à employer l'une de ces méthodes différentes de la méthode normale qu'ils s'assujettissent, lorsqu'un salarié les quittera où lorsque ce salarié aura besoin de justifier de son droit aux prestations, *à faire nettement mention sur la carte de ce salarié des versements effectués pour son compte sous une forme autre que celle des timbres.*

Chaque mois, le service départemental recevra des intéressés les feuillets trimestriels ou cartes venues à expiration. Ces feuillets et cartes seront rassemblés dans des centres dits de « ventilation », qui auront pour mission de répartir dans les caisses d'assurances, au compte de chaque assuré, les sommes versées à son profit.

Pour l'assuré facultatif, les caisses fonctionneront comme des organismes d'assurance privée, à partir du moment où le Service départemental des Assurances sociales aura reconnu que l'intéressé satisfait aux conditions requises par la loi et lui aura délivré une carte.

CHAPITRE III

CONCLUSION

L'examen sommaire des avantages accordés aux intéressés autorise les plus grands espoirs en ce qui concerne le succès de la loi. Le respect de ses dispositions entrera certainement très vite dans les habitudes de notre population. La loi présente, en effet, un attrait que semble méconnaître ceux qui parlent d'échec possible et donnent en exemple la loi des Retraites ouvrières. Les prestations promises aux bénéficiaires des deux lois sont toutes différentes. La loi des Retraites ouvrières n'accordait guère aux assurés que des avantages à longue échéance. La promesse d'une retraite relativement modeste à 60 ans ne pouvait intéresser que la partie la plus prévoyante de la classe ouvrière. La loi nouvelle, au contraire, accorde à tous les intéressés des avantages substantiels immédiats. Par le jeu des assurances dites de répartition les salariés du commerce et de l'industrie toucheront chaque année des sommes égales à celles qu'ils verseront à titre de contribution personnelle. Certes, la part de chacun ne sera pas exactement égale au montant de la cotisation : les chefs de famille recevront plus que les célibataires, puisqu'ils bénéficieront de l'assurance-maternité et toucheront plus fréquemment les prestations prévues en cas de maladie. Mais nul ne saurait s'élever contre la légitimité de pareils avantages qui, au demeurant, n'apportent que des correctifs légers à l'inégale répartition des charges qui pèsent sur le célibataire et le chef de famille.

Dans l'agriculture, grâce à la contribution de l'Etat, l'ensemble des assurés retirera chaque année des assurances dites de répartition des sommes correspondant, en gros, au quadruple de celles qu'ils auront versées pour la couverture de l'ensemble des risques envisagés; ils auront, d'autre part des pensions de retraites représentant sensiblement quatre fois celles que leur assurerait la capitalisation de leurs propres versements.

Certes l'application d'une législation aussi complexe, et qui touche à de nombreux intérêts, ne va pas sans quelques inconvénients. Il convient de ramener ces derniers à leur véritable proportion et de combattre les exagérations.

a) Entre autres critiques, on a reproché au législateur d'avoir « vu trop grand », de n'avoir pas sérié les difficultés et d'avoir établi un système d'assurance qui couvre simultanément trop de risques.

Il est probable que s'il avait été tenu compte de ces objections, plus tard, à chaque stade, quand il aurait fallu couvrir un nouveau risque, les mêmes critiques eussent trouvé de bonnes raisons d'atermoyer. En établissant un système d'assurance complet, il est possible, au contraire, de faire œuvre cohérente et de prévenir de trop lourdes surcharges en mesurant, dès le début, le coût de l'ensemble des dispositions. D'autre part, la France se doit de rattraper le retard de sa législation sur la législation des nations étrangères, qui lui offrent le champ d'une expérience dont elle ne peut manquer de tirer parti.

b) Pour créer dans l'ensemble du pays une atmosphère d'hostilité, on a parlé de la suppression de la liberté individuelle, de la violation des secrets médicaux, d'une contrainte incompatible avec l'esprit national ; on a mis le pays en garde contre une « conscription » des salariés qui nécessiterait une organisation formidable et la création d'une armée de fonctionnaires. Telles de ces critiques étaient trop violentes, pour être entièrement désintéressées. Pour convaincre les assurés qu'ils n'auront pas à renoncer à leur indépendance, il suffit de rappeler que, aux termes de l'article 26, § 1 de la loi, les organismes chargés de la gestion des assurances sociales « sont constitués et administrés conformément aux prescriptions générales de la loi du 1er avril 1898 sur les sociétés de secours mutuels ». Il ne semble pas que le fonctionnement de ces dernières ait jamais motivé une telle avalanche de critiques. En ce qui concerne l'organisation administrative et le nombre exagéré des fonctionnaires, il suffit d'observer que les effectifs des services départementaux comprennent l'ancien personnel des Retraites ouvrières et que, grâce à l'emploi de moyens mécaniques perfectionnés dans les centres comptables assurant la ventilation des cotisations, le nombre des fonctionnaires n'atteindra certainement pas 2.000.

c) On sait avec quelle véhémence de nombreux médecins se sont élevés contre la loi du 5 avril 1928. Après le vote des nouvelles dispositions qui règlent les rapports des caisses, des assurés et des praticiens, les craintes des médecins n'ont plus leur raison d'être.

Ceux qui ont prétendu que l'assurance-maladie était une source de gaspillages illimités trouvent dans la loi, contre ce gaspillage, des précautions qui n'ont d'équivalent dans aucune législation étrangère. Le délai de carence, c'est-à-dire la période pendant laquelle l'assuré, tout en recevant les soins de maladie, n'a pas droit à l'indemnité en argent compensatrice de la perte de son salaire, est de six jours, et n'est réduit à quatre jours que pour les pères de familles nombreuses.

Ce qu'on a appelé le « ticket modérateur », c'est-à-dire la participation de l'assuré aux frais médicaux et pharmaceutiques à la charge de la Caisse, représente 15 p. 100 de frais pour les deux premières catégories d'assurés, 20 p. 100 pour les autres. Enfin et surtout le rôle essentiel donné à la mutualité dans le fonctionnement des Assurances sociales doit permettre sans aucun doute d'y introduire, avec ses méthodes d'économie, tous les bienfaits du contrôle mutuel.

d) On a souvent parlé de la hausse considérable des prix que l'application de la loi ne manquerait pas d'entraîner. Quelques spéculateurs ont même déjà pris les devants. Leur exemple suffirait à prouver que, dans bien des cas la mise en œuvre de la loi sera, non pas la cause réelle, mais le prétexte d'une hausse exagérée des prix. Les évaluations rigoureuses montrent que, même dans les cas extrêmes, cette hausse devrait logiquement rester bien en deçà du rapport des cotisations aux salaires. Passé ces limites la hausse devient le fait de la spéculation. Sans parler des dépressions possibles, on sait que les abus de cette dernière provoquent fatalement la correction des écarts excessifs.

e) D'aucuns ont signalé les charges excessives que l'application de la loi ne manquerait pas d'entraîner pour le budget de l'Etat. D'autres au contraire, se sont plaints de l'insuffisance de l'effort mis à la charge de la collectivité. Pour fixer les idées il suffit de rappeler que si la loi fonctionne à plein, si le nombre des bénéficiaires s'élève, dans chaque catégorie aux chiffres qu'il est susceptible d'atteindre, la contribution mise à la charge de l'Etat atteindra 1.400 à 1.500 millions ainsi répartis :

Majorations de pensions accordées aux bénéficiaires des Retraites ouvrières et paysannes	540 millions.
Assurés appartenant aux professions agricoles (assurances obligatoires) :	
Risques de répartition	360 —
Assurance-vieillesse.........................	130 —
Assurés appartenant aux professions agricoles (assurances facultatives) :	
Risques de répartition	170 —
Assurance-vieillesse.........................	140 —
Majorations de pension accordées aux salariés âgés de plus de 60 ans au début de l'application de la loi et prestations-maladie aux pensionnés de la loi	100 —
Total.....................	1.440 millions.

Aucune loi de prévoyance ou d'assistance n'avait mis, jusqu'à ce jour, une somme pareille à la charge du budget.

Mais le but élevé qu'il s'agit d'atteindre justifie hautement cet effort. Il ne s'agit de rien moins que de la santé physique et morale de la nation, et du maintien du cultivateur à la terre dans une existence améliorée.

On a redouté parfois la difficulté de faire pénétrer dans les milieux agricoles une législation aussi complexe.

En fait, on le sait, la majorité des chambres d'agriculture a accepté la réforme. Les grandes associations agricoles apportent à la mise en train de la loi le concours le plus précieux. Les progrès de l'immatriculation dans toute la France, et même dans les régions les plus réfractaires, montrent que les préventions et les inquiétudes tendent à se dissiper.

Le paysan de France est trop avisé pour ne pas comprendre les avantages tangibles que lui apportera la loi.

Il faut les lui faire connaître, il saura les apprécier.

On a déploré à juste titre l'exode des campagnes; en quittant son village le cultivateur cède trop souvent à l'attrait d'un emploi stable, lui garantissant la sécurité de ses vieux jours.

L'assurance sociale, qui le préserve, lui et les siens, des risques de l'existence, qui lui donne la certitude de la retraite, ne peut que contribuer à maintenir dans nos campagnes les travailleurs de la terre.

L'agriculture, comme toute la production française, bénéficiera de l'amélioration générale, apportée par la loi, au sort de tous les travailleurs de notre pays.

PENSIONS D'INVALIDITÉ. [1]

AGE AU PREMIER VERSEMENT EN SUPPOSANT le premier versement effectué dans l'année d'application de la loi.	CATÉGORIES.				
	I SALAIRE MOYEN de base : 1.800 francs.	II SALAIRE MOYEN de base : 3.600 francs.	III SALAIRE MOYEN de base : 5.400 francs.	IV SALAIRE MOYEN de base : 7.200 francs.	V SALAIRE MOYEN de base : 10.800 francs.
20 (2)...............................	1.000	1.440	2.160	2.880	4.320
25...................................	1.000	1.440	2.160	2.880	4.320
29...................................	1.000	1.440	2.160	2.880	4.320
30...................................	1.000	1.392	2.088	2.784	4.176
31...................................	1.000	1.344	2.016	2.688	4.032
32...................................	1.000	1.296	1.944	2.592	3.888
33...................................	1.000	1.248	1.872	2.496	3.744
34...................................	1.000	1.200	1.800	2.400	3.600
35...................................	1.000	1.152	1.728	2.304	3.456
40...................................	1.000	1.000	1.368	1.824	2.736
45...................................	1.000	1.000	1.008	1.344	2.016
50...................................	1.000	1.000	1.000	1.000	1.296
55...................................	″	″	″	″	″

(1) Tous les invalides sont supposés avoir effectué au moins 6 ans de versements et au plus 30 ans de versements.

(2) Pour les assurés immatriculés avant l'âge de 30 ans et qui ont effectué plus de 30 ans de versements avant de devenir invalides, la pension est augmentée de 1 p. 100 du salaire pour chaque année d'assurance en plus de 30, jusqu'à un maximum de 50 p. 100 du salaire moyen de base,

PENSIONS D'INVALIDITÉ

ACCORDÉES

AUX ASSURÉS ENTRÉS DANS L'ASSURANCE APRÈS 30 ANS ET AYANT EFFECTUÉ MOINS DE 6 ANS DE VERSEMENTS.

AGE à L'ENTRÉE.	ANNÉES de VERSEMENTS.	CATÉGORIES.				
		I.	II.	III.	IV.	V.
30..........	6	1.000	1.392	2.088	2.784	4.176
	5	900	1.392	2.088	2.784	4.176
	4	800	1.392	2.088	2.784	4.176
	3	700	1.392	2.088	2.784	4.176
	2	696	1.392	2.088	2.784	4.176
35..........	6	1.000	1.152	1.728	2.304	3.456
	5	900	1.152	1.728	2.304	3.456
	4	800	1.152	1.728	2.304	3.456
	3	700	1.152	1.728	2.304	3.456
	2	600	1.152	1.728	2.304	3.456
40..........	6	1.000	1.000	1.368	1.824	2.736
	5	900	912	1.368	1.824	2.736
	4	800	912	1.368	1.824	2.736
	3	700	912	1.368	1.824	2.736
	2	600	912	1.368	1.824	2.736
45..........	6	1.000	1.000	1.008	1.344	2.016
	5	900	900	1.008	1.344	2.016
	4	800	800	1.008	1.344	2.016
	3	700	700	1.008	1.344	2.016
	2	600	672	1.008	1.344	2.016
50..........	6	1.000	1.000	1.000	1.000	1.296
	5	900	900	900	900	1.296
	4	800	800	800	864	1.292
	3	700	700	700	864	1.296
	2	600	600	648	864	1.296
55..........	5	900	900	900	900	900
	4	800	800	800	800	800
	3	700	700	700	700	700
	2	600	600	600	600	600

EXEMPLES DE PENSION DE VIEILLESSE.

CATÉGORIES	I.	II.	III.	IV.	V.
Salaire de base	1.800	3.600	5.400	7.200	10.800
Retraite garantie en période normale (40 p. 100 du salaire).	720	1.440	2.160	2.880	4.320
1/30ᵉ de la retraite normale	24	48	72	96	144
Années de versement	Minimum garanti.	Minimum garanti.	Minimum garanti.	Minimum garanti.	Minimum garanti.
5	600	600	600	600	720
6	600	600	600	600	864
7	600	600	600	672	1.008
8	600	600	600	768	1.152
9	600	600	648	864	1.296
10	600	600	720	960	1.440
15	600	720	1.080	1.440	2.160
20	600	960	1.440	1.920	2.880
25	600	1.200	1.800	2.400	3.600
30	720	1.440	2.160	2.880	4.320

EXEMPLES :

1° L'assuré a versé 6 ans dans chaque catégorie :

Catégorie I. 6 ans de versements, fraction de pension correspondante	...	144ᶠ
— II. — — — —	...	288
— III. — — — —	...	432
— IV. — — — —	...	576
— V. — — — —	...	864
MINIMUM garanti		2.304

2° L'assuré, âgé de 45 ans au début, a effectué des versements pendant 15 ans :

Catégorie II. 5 ans de versements, fraction de pension correspondante	...	240
— III. — — — —	...	360
— IV. — — — —	...	480
MINIMUM garanti		1.080

3° L'assuré, âgé de 48 ans au début, a effectué des versements pendant 12 ans :

Catégorie III. 2 ans de versements, fraction de pension correspondante	...	144
— IV. — — — —	...	192
— V. 8 ans — — —	...	1.152
MINIMUM garanti		1.488

4° L'assuré, âgé de 50 ans, a effectué des versements pendant 10 ans :

Catégorie IV. 4 ans de versements, fraction de pension correspondante	...	384
— V. 6 ans — — —	...	864
MINIMUM garanti		1.248

TABLE DES MATIÈRES

Paris. - Imp. A. Fabre, 131, boul. St-Michel.